Aprendendo a vencer o medo

Louise Hay

Aprendendo a vencer o medo

SEXTANTE

Título original em inglês: *Overcoming fears*

tradução
Lotus Specialized Translations
www.lotustranslations.com.br

preparo de originais
Regina da Veiga Pereira

revisão
Maria Paula da Mata Ribeiro
Sérgio Bellinello Soares

capa
Adriana Moreno

diagramação e projeto gráfico
Anne Wurman

locução do CD
Juraciara Diácovo

produção do CD
Carlos Irineu da Costa

fotolitos
R R Donnelley América Latina

impressão e acabamento
Yangraf Gráfica e Editora Ltda.

CIP-BRASIL. CATALOGAÇÃO-NA-FONTE
SINDICATO NACIONAL DOS EDITORES DE LIVROS, RJ

H328a Hay, Louise L., 1926-
Aprendendo a vencer o medo / Louise Hay ; tradução de Marcia Saiz e Darrel Wayne Kimble. - Rio de Janeiro: Sextante, 2004.

Tradução de: Overcoming fears
ISBN 85-7542-114-X

1. Auto-realização (Psicologia). 2. Meditações. 3. Mudança (Psicologia). 4. Técnicas de auto-ajuda. I. Título.

04-0553. CDD 158.12
CDU 159.962.7

Editora Sextante (GMT Editores Ltda.)
Rua Voluntários da Pátria, 45 – Gr. 1404 – Botafogo
22270-000 – Rio de Janeiro – RJ
Tel.: (21) 2286-9944 – Fax: (21) 2286-9244
Central de Atendimento: 0800-22-6306
E-mail: atendimento@esextante.com.br
www.sextante.com.br

SUMÁRIO

Introdução

Quem vê o adulto que somos não se dá conta do sobressalto em que muitas vezes vivemos, da insegurança que sentimos ante uma situação nova, da dificuldade em expressar nosso desejo e reivindicar nossos direitos. Não percebe o quanto podemos depender da opinião dos outros para saber quem somos e nos sentirmos aprovados, nem imagina como uma cara fechada tem o poder de nos intimidar. Todos estes sentimentos têm um nome: **medo**.

Foi por tomar consciência do quanto o sentimento do medo nos faz sofrer que resolvi investir para ajudar você a vencê-lo. Por experiência, sei que a grande maioria das pessoas, em graus variados, experimenta muitos medos. Medos imaginários, com raízes na infância, e medos reais. O mundo violento e hostil em que vivemos contribui certamente para acentuá-los, e a mídia se encarrega de veicular apenas notícias ameaçadoras, omitindo o que há de bom, heróico, generoso e positivo no mundo.

Estou aqui para ajudar você a superar o medo, que é um dos grandes entraves em nossa vida. O medo nos faz sentir como se fôssemos crianças assustadas, desamparadas, que nada podem fazer e dependem exclusivamente dos pais para protegê-las, sem recursos para enfrentar os obstáculos reais ou imaginários que a vida nos apresenta. O medo nos maltrata de várias formas: ele gera angústia, cria fantasmas, nos paralisa, desqualifica nossos desejos, tira a consciência dos nossos direitos e nos faz mentir, com medo da punição.

Sabe por que temos medo? Porque não confiamos na vida. Eu gosto muito de usar a comparação com a respiração, porque ela é uma das coisas mais preciosas que possuímos. Se não respirássemos, não duraríamos dois minutos. No entanto, nós confiamos na respiração sem nenhum temor. Quando expiramos, nós nunca pensamos: "De onde virá minha próxima respiração?" Sabemos que ela virá. Se pudéssemos confiar na vida da mesma forma que confiamos em nossa respiração, estaríamos muito melhor.

Para mim é claro que temos duas alternativas: a primeira é ficar passivos ante as ameaças que nos cercam ou que imaginamos, tornando-nos vítimas do medo, adotando atitudes puramente defensivas, cercando-nos de grades, blindando carros, assistindo de forma passiva à destruição irresponsável do meio ambiente que nos sustenta, como se não tivéssemos nada com isso. A segunda consiste em, além de tomarmos providências realistas para defender-nos de riscos concretos, criar uma nova postura interior de confiança e otimismo. Esta é uma forma poderosa de vencer o medo: deixar de agir como criança e assumir o adulto que somos, capaz de iniciativas próprias, de assumir a posse do seu ser, de afirmar seu desejo, de enfrentar desafios e superar obstáculos.

Um dos instrumentos que criei para ajudar você a vencer o medo foi a meditação e as afirmações que se encontram neste livro e no CD que o acompanha. Como o medo que experimentamos é conseqüência das muitas experiências acumuladas desde a mais tenra infância e incorporadas ao nosso ser, é preciso um trabalho persistente para procurar dissolvê-lo e substituí-lo por uma nova atitude interior. Aconselho você a ler muitas vezes o texto escrito, parando em cada frase, refletindo sobre ela, relacionando-a com sua própria experiência. Em seguida, escolha uma das afirmações, pense a respeito dela, repita-a várias vezes durante o dia. Nos dias seguintes, faça o mesmo com cada uma das afirmações.

Paralelamente, ouça o CD todos os dias, se possível na hora de deitar, ou de manhã, antes de levantar-se da cama. Pode ter certeza de que essa prática irá aos poucos ajudando você a libertar-se do medo, a adquirir mais confiança nas suas possibilidades, a assumir uma postura positiva em relação à vida em seus vários aspectos. Ao ir se libertando do medo, você deixará de ter uma atitude defensiva e se abrirá mais para os outros, compreendendo-os e respeitando-os. Assim, avançará na conquista da paz interior, que é o nome que dou à felicidade.

O *poder do pensamento*

Antes de falar diretamente do medo, preciso expor para você um ponto que considero fundamental. É necessário compreender sua importância porque, sem isso, não seremos capazes de vencer os vários medos que dificultam nossa vida e nossa plena realização. Quero falar do *poder do pensamento.*

Estou absolutamente convencida de que uma das formas mais eficientes de mudar nossa vida é mudando nossos pensamentos. Sei disso por experiência própria. No livro *Aprendendo a gostar de si mesmo* falo dessa questão quando peço que as pessoas não se assustem. Nós nos amedrontamos com nossos próprios pensamentos: é a mulher que descobre um caroço nas costas e pensa imediatamente que é câncer; é o empregado que, ao ser chamado à sala do chefe, caminha para lá convencido de que será demitido; é a mãe que, quando o filho se atrasa para chegar, acha logo que aconteceram as piores tragédias. Volto a dizer: não se trata de negar o risco e de deixar de tomar as providências necessárias para evitá-lo. Mas por que optar em *pensar* o pior? Esses pensamentos negativos nos estressam, geram angústia, alteram de forma prejudicial nossa atitude diante da vida, dos outros e dos problemas. Sobretudo, não resolvem nada.

Veja o que a mídia faz conosco: se as revistas e os jornais, durante um mês, se concentrassem nas milhares de coisas boas que acontecem no mundo, eu penso que haveria uma grande mudança na consciência humana. O mesmo com a televisão: se houvesse mais programas mostrando as pessoas de forma esperançosa, otimista, cheia de compaixão pelos outros, certamente o mundo iria se transformando. Quando imaginamos a quantidade de horas que as crianças passam na frente da televisão engolindo sem a menor crítica modelos de violência, competição e consumismo, nos assustamos com os pensamentos que estão sendo construídos na cabeça delas e que irão, sem nenhuma dúvida, influenciar suas ações e comportamentos no correr da vida.

Qual é a atitude das pessoas que você conhece diante dos acontecimentos? Tenho certeza de que você vai se lembrar daquelas que têm uma atitude positiva, confiante, que vêem as coisas e as pessoas pelo lado bom que, ante um problema, sempre dizem: "Vamos resolvê-lo! Existe um jeito para tudo!" São pessoas que nos fazem bem, com quem gostamos de conviver, que emanam uma energia positiva contagiante e, por isso mesmo, enfrentam as dificuldades com mais força e coragem. Em contrapartida, temos as criadoras de dificuldades, as que colocam obstáculos ante qualquer tarefa, as que desconfiam de tudo e de todos, imaginando as piores intenções nos atos daqueles com quem convivem. Você percebe que tudo isso são pensamentos que facilitam ou dificultam a vida, que geram medo ou confiança, disposição para lutar, ou desistência e sentimento prévio de derrota?

Pare um pouco e pergunte-se: quais são os meus pensamentos dominantes diante dos acontecimentos? Não para se acusar ou se culpar, mas simplesmente para tomar consciência dos seus pensamentos e verificar se eles ajudam você a viver feliz. Tenha certeza: *nós temos uma imensa capacidade de mudar o mundo e nossas vidas com os nossos pensamentos.*

Se você, como eu, tem um jardim, sabe como tratá-lo: a gente prepara o terreno, aduba, semeia, rega, tira as ervas daninhas. O universo se encarrega do resto. Com a vida é a mesma coisa: quando você limpa a mente de todos os pensamentos negativos e lança as sementes de pensamentos positivos, aquilo que você pensa germina lindamente.

A vida é realmente muito simples, somos nós que a fazemos complicada. Se conseguíssemos nos concentrar no momento presente, tomaríamos as providências necessárias para resolver os problemas que se apresentam. Mas deixamos que nossa mente fique ocupada por pensamentos de culpa e autoacusação ligados ao passado, ou por pensamentos aflitivos sobre o que pode acontecer no dia ou na semana seguinte. Esses pensamentos não constroem nada, apenas nos enfraquecem.

Existe algo que sempre ensino às pessoas quando estão enfrentando um problema ou uma crise. Peço a elas que repitam muitas vezes: "Tudo está bem. Tudo trabalha para a minha maior felicidade. Desta experiência virá somente o bem e eu me sinto em segurança." Imprimo esta mensagem em cartões e a envio para um grande número de pessoas. Se pudéssemos reagir assim toda vez que surge um problema! Esta fórmula literalmente opera milagres. Se estou no meio de uma crise, eu a repito durante dez a quinze minutos, e o que descobri é que a consciência fica mais clara, permitindo que o universo traga a solução que servirá para o nosso maior bem. E isso de fato acontece.

Da mesma forma, se tivermos pensamentos negativos, teremos negatividade como resposta. Até mesmo a ciência começou a confirmar isto ao descobrir a existência de mensageiros químicos que viajam através do corpo toda vez que emitimos um pensamento ou falamos uma palavra. Se os pensamentos e as palavras forem negativos, eles depositam em nossas células pequenas quantidades de substâncias químicas que vão baixar nosso sistema imunológico. Mas se forem positivos e amorosos, o sistema imunológico ficará reforçado. Portanto, a cada momento estamos contribuindo para a nossa saúde ou para nos tornarmos doentes.

É impressionante e é também muito simples. Quando entendemos que os nossos pensamentos controlam a nossa vida, e que a única coisa que temos que controlar é a nossa maneira de pensar, adquirimos um poder que é quase milagroso. Esta consciência nos dá enormes possibilidades para melhorar a qualidade de nossas vidas.

Somos sem dúvida um produto de nossos pais, de nossas escolas e da sociedade. Com eles aprendemos como nos comportar e pensar. No entanto, não somos escravos de nossa formação, porque – lembrem-se – todas as coisas em que acreditamos são somente pensamentos, e *pensamentos podem ser mudados.*

Tomar consciência de seus pensamentos e crenças

Nos muitos contatos pessoais, nas minhas palestras e seminários, constato uma coisa que seria interessante se não fosse prejudicial para a nossa vida: a maioria das pessoas não sabe como mudar sua maneira de pensar, simplesmente porque não sabe em que pensa, nem mesmo em que acredita. Elas vão vivendo o seu cotidiano ao sabor dos pensamentos gerados pelas crenças que herdaram de seus pais, que receberam dos professores na escola, da sociedade em geral e do meio em que vivem. Como não se dão conta dessas crenças e desses pensamentos, tornam-se vítimas deles, sem a menor liberdade para fazerem suas escolhas e decidirem conscientemente em que elas mesmas desejam acreditar – e não no que os outros as fizeram acreditar – e os pensamentos que desejam alimentar.

Para ajudar nessa tomada de consciência tão importante, quero oferecer um grande exercício.

Você talvez pense: "Lá vem a Louise de novo com seus exercícios!" É verdade, lá venho eu de novo e virei quantas vezes forem necessárias para transmitir a você o quanto esses exercícios são capazes de nos ajudar. Esta é uma das minhas crenças, e gosto dela.

Então vamos ao exercício: pegue uma grande folha de papel e escreva na parte superior: "Aquilo em que acredito." Vá anotando espontaneamente o que acredita a seu próprio respeito, sobre seu parceiro ou parceira, sua família, sobre os homens, as mulheres, os filhos, as crianças, a felicidade, o amor, os relacionamentos, o trabalho, o dinheiro e o envelhecimento. Acrescente qualquer assunto que seja importante para você e para a sua vida. Escreva sem censura, livremente, o que lhe ocorrer, mesmo que uma frase ou um pensamento possa lhe parecer ridículo ou piegas. Escreva tudo. Talvez este exercício leve dois, três dias, ou o tempo que lhe parecer necessário. Quando achar que está completo, examine o que escreveu. Sublinhe de azul aquilo que considera bom, que lhe dá apoio e faz com que sua vida se torne melhor. Depois, sublinhe de vermelho as crenças que estão impedindo você de atingir seus objetivos.

Esse exercício traz vários benefícios: o primeiro, e talvez o mais importante, é fazer você tomar consciência de seus próprios pensamentos e crenças. Porque eles estão presentes o tempo todo, atuando à sua revelia, e exercendo uma poderosa influência em sua vida. Ao ver escritos os seus pensamentos negativos, você prestará mais atenção quando, no dia-a-dia, eles lhe vierem à mente, e será mais capaz de descartá-los ou substituí-los. Este é o segundo benefício: dar-lhe oportunidade de escolher os pensamentos e crenças que você quer conservar e desenvolver e eliminar os que prejudicam sua vida.

Vamos agora falar sobre o poder das afirmações. Quando você se surpreender tendo uma crença ou um pensamento negativo, substitua-o imediatamente por uma afirmação positiva. Vou dar um exemplo: você precisa entregar um trabalho num prazo apertado e está encontrando alguma dificuldade. Instintivamente você pensa e afirma: "Não vou conseguir!" Quando tomar consciência desta afirmação negativa, substitua-a logo pela afirmação contrária e repita-a muitas vezes: "Vou conseguir entregar meu trabalho no prazo combinado."

Repito: se nós não soubermos em que acreditamos e no que pensamos, não saberemos o que mudar. Creia em mim: esse exercício pode fazer maravilhas. Se você tem crenças realmente negativas sobre o dinheiro, não há como prosperar; se não acredita no seu próprio valor, dificilmente conseguirá uma promoção; se não acredita que merece amor, dificilmente receberá amor.

O poder das afirmações

Nós fazemos afirmações a todo instante, naturalmente. Qualquer pensamento, qualquer palavra é uma afirmação, e nós as fazemos desde o momento em que acordamos: "Como é difícil levantar da cama", "Que dia pesado me espera hoje" são afirmações, assim como "Como a minha cama é macia" e "Quanta coisa boa o dia me reserva!". Esses pensamentos explicitados como afirmações nos vêm espontaneamente e começam a determinar a forma como vamos viver aquele dia.

Mais tarde, quando nosso chefe nos dá uma tarefa, temos duas alternativas: afirmar para nós mesmos que não temos capacidade para realizá-la, ou, ao contrário, afirmar que vamos saber cumpri-la, porque temos capacidade para isso e, se houver alguma dificuldade, pediremos ajuda. Achar que pedir ajuda é diminuir-se também é uma afirmação – um pensamento, uma crença – tanto quanto achar que pedir ajuda é apenas constatar uma limitação e expressar o desejo de aprender algo novo. A primeira nos abate, a segunda faz crescer. E assim por diante, em nossa vida, é só pensar nas suas reações ante as coisas que lhe acontecem para verificar as diferentes afirmações que faz.

Neste exato momento, ao ler o meu texto, você pode estar afirmando "Quanta bobagem inútil", ou talvez esteja pensando "Este texto é capaz de me ensinar algo que melhore minha vida". No primeiro caso, você simplesmente descarta minhas sugestões, enquanto que, no segundo, você acolhe as que lhe parecerem mais interessantes para aplicá-las, trazendo uma melhora para sua vida.

Mas, na maioria das vezes, não nos damos conta disso. O que estou propondo aqui é que tomemos consciência das afirmações que fazemos para podermos escolher aquelas capazes de melhorar a qualidade de nossas vidas.

Eu de fato acredito profundamente nas afirmações positivas porque creio que o universo está constantemente nos escutando, respondendo e dando aquilo em que acreditamos. É neste sentido que digo que nós criamos a nossa realidade. Quando ouço alguém afirmar – e as pessoas repetem essas frases muitas vezes – que "não consigo um emprego" ou "não tenho dinheiro suficiente", penso que o universo fará com que essas afirmações sejam a sua realidade.

Com respeito ao dinheiro, por exemplo, somos capazes de mudar nossas crenças negativas, fazendo afirmações positivas todos os dias. Eu tenho duas afirmações sobre dinheiro que repito há anos e que realmente funcionam para mim: "Minha renda está crescendo constantemente" e "Eu prospero em qualquer coisa que faço". Estas afirmações se tornaram leis pessoais e verdadeiras que podem ser usadas em qualquer situação. Mesmo numa situação de desemprego, você pode dizer: "Minha renda está crescendo constantemente." Conforme você repete, a crença vai se tornando realidade.

Quero deixar bem claro que não forço ninguém a aceitar minhas idéias. Se a pessoa não estiver interessada ou receptiva, é inútil tentar forçá-la ou convencê-la a respeito. Diz-se que, quando o aluno está pronto, o professor aparece... e não antes. Mas, se a pessoa estiver aberta, pode mudar sua vida. E afirmo isso com toda a convicção, porque já vi acontecer. Aconteceu comigo.

Há muitos anos fui a uma palestra e ouvi que, se eu tivesse vontade de mudar minha maneira de pensar, eu poderia mudar minha vida. Talvez eu já tivesse ouvido aquela idéia antes, mas naquele momento ela me impressionou profundamente, e comecei a estudar a respeito. Depois de começar, nunca mais parei. No exato momento em que coloquei meu pé na trilha metafísica, minha vida foi mudando.

Pessoas me escrevem constantemente ou me procuram para dizer como suas vidas se modificaram totalmente desde que começaram a usar essas idéias. Elas me dizem "Louise, você mudou a minha vida!", e eu explico que eu não faço nada por ninguém. Apenas transmito as idéias em que acredito sobre como mudar, mas é a pessoa quem faz tudo à medida que vai fortalecendo a confiança em si mesma e nos seus recursos. Mas isso não acontece por milagre. É preciso atenção para tomarmos consciência de nossos pensamentos e crenças, é preciso desejar mudá-los e dedicar-se para fazê-lo.

Vamos voltar a falar do medo. Novamente, eu penso que tudo vem da infância. Nós aprendemos a sentir medo, a nos preocuparmos, a sentir raiva. Aprendemos sobre brutalidade e violência. Aprendemos a aceitar os maus-tratos. Todas essas experiências desenvolveram em nós pensamentos e crenças autodestrutivas que conspiram contra nossa autoconfiança, nossa auto-estima, nosso amor-próprio.

Quando nos sentimos bem com nós mesmos, quando gostamos de quem somos e temos consciência de nossos direitos, não permitimos ser dominados ou maltratados e aprendemos a controlar o medo. Confiamos na vida, porque sabemos o nosso próprio valor.

Essas são as lições básicas que todos nós devemos aprender. Perdoar o passado e amar quem somos fará milagres em nossas vidas. Mas, se você viveu traumas muito profundos na infância, talvez seja necessário fazer uma terapia. No entanto, uma coisa não exclui a outra, pelo contrário, elas se complementam. Invista na vontade de mudar a maneira de pensar e dedique-se a praticar as sugestões que estou lhe dando.

Na meditação que se encontra no CD sugiro uma série de afirmações. Elas serão um primeiro exercício. Depois você irá criar suas próprias afirmações. O importante é tomar consciência do poder construtivo das afirmações positivas em sua vida.

Oração e afirmação

Algumas pessoas me perguntam qual é a diferença entre uma afirmação e uma oração. Depende de qual é a sua idéia sobre a oração. Para muitas pessoas, a oração consiste em suplicar e implorar algo a alguma força externa que possivelmente lhes dará aquilo que pedem, se merecerem.

Para mim, a oração é uma poderosa afirmação. É saber que você tem direito de ter uma vida boa, porque vive neste planeta e está pedindo aquilo que é legitimamente seu. Eu acredito que esta é a maneira certa de rezar. Quando você ler ou ouvir as afirmações que lhe sugiro, talvez possa pensar: "Isso é absolutamente irreal! Eu não tenho condições de perdoar a quem me fez mal, pois guardo um profundo ressentimento." Eu sei que é extremamente difícil perdoar a quem nos traiu, maltratou, prejudicou. Mas quando peço que você afirme *"Eu perdôo a todos que me fizeram mal"*, minha intenção é jogar para o universo um desejo de algo que servirá para o seu bem, pois o ressentimento e o ódio fazem muito mal a quem os alimenta. Essa afirmação é para mim um pedido, uma oração.

Outra forma poderosa de rezar e fazer afirmações é agradecer. Quanto mais gratos formos por aquilo que temos, mais "presentes" receberemos. E quando falo em "presentes", não me refiro somente às coisas materiais; refiro-me a todas as pessoas, valores e situações que fazem com que a vida valha a pena ser vivida. Quanto mais gratos somos, mais a vida vai querer nos "presentear".

Eu começo a agradecer logo antes de levantar pela manhã, ainda na cama. Faço isso durante dez minutos, antes de abrir os olhos. Agradeço por uma noite bem dormida, por me sentir confortável e aquecida. E, depois, agradeço por todas as pessoas que me dão alegria ou me ajudam a crescer, pelas coisas boas que tenho e por aquilo que o dia vai me trazer. Menciono cada coisa, pessoa e acontecimento especificamente, e o agradecimento varia dependendo da fase de vida.

Mesmo quando planejamos todo o nosso dia, nunca sabemos exatamente o que irá acontecer. Se você afirmar que seu dia será maravilhoso, você irá em frente, sem medo, sem preocupação, porque, não importa o que aconteça, em algum sentido o dia será maravilhoso. Novamente à noite agradeço pelo meu dia. É possível até que tenha acontecido alguma coisa que me desagradou, mas eu sei que ela contém uma lição que me fará crescer, e agradeço por isso.

Ao expressar gratidão e fazer as afirmações, eu me conecto com o que eu sinto como a Força Maior do universo. Lembro-me de um jornalista que me perguntou se eu me conectava com o outro lado. Para mim o outro lado está aqui, como o rádio – uma dimensão que você não vê, mas que experimenta. Quando rezamos ou fazemos afirmações, estamos aprendendo a nos sintonizar com a fonte abundante de vida, à qual cada um dará o nome que preferir. Quanto mais sintonizados estivermos com essa Força Maior, melhor nossas vidas irão funcionar.

Vamos então às meditações. Você pode lê-las aqui, ouvi-las no CD ou fazer ambas as coisas. O importante é que elas sejam absorvidas e criem em você o hábito de fazer afirmações positivas que, aos poucos, irão ajudar você a vencer o medo.

Meditação para vencer o medo

Vamos começar esta meditação inspirando profundamente.

Agora expire. Tire todo o ar dos pulmões.

Inspire novamente e expire.

Inspire e expire profundamente mais algumas vezes.

Mantenha sua respiração regular e natural.

Observe o seu corpo. Vamos relaxar o corpo.

Contraia todo o seu corpo, o mais que puder. Contraia mais, mais e mais. Agora solte o corpo. Deixe ele ficar pesado.

Vá relaxando os músculos do rosto. Solte o maxilar.

Relaxe os músculos do pescoço, dos ombros, do peito, do ventre. Inspire fundo e expire.

Solte as pernas, relaxe os músculos das pernas e dos pés.

Relaxe os braços e as mãos.

Examine todo o corpo e verifique se ainda há alguma parte tensa. Relaxe.

Respirando regular e suavemente, comece a pensar nos medos que você sente.

Do que é que você tem medo? De quem você tem medo?

Quais são os medos concretos, causados por alguma situação presente?

Quais são os medos difusos, os medos que você não compreende direito e que provavelmente têm origem na infância?

Neste momento, vamos começar a nos livrar de todos os medos.

Inspire profundamente e, ao expirar com força, imagine que está mandando embora todos os seus medos, toda a sensação de medo.

Imagine que a cada expiração os velhos medos vão saindo de você.

Alguns vão sair aos poucos, outros de uma só vez, em um grande e longo sopro.

Afirmações

Repita em voz alta cada uma destas afirmações enchendo de significado cada palavra que você disser:

Eu me livro dos medos novos e antigos.

Eu não preciso mais ter medo.

Eu perdôo a todos que me fizeram mal.

Eu me perdôo pelo mal que fiz a outras pessoas.

Eu me perdôo por ter me acusado e castigado.

Eu perdôo meus pais por seus medos e limitações.

Eu conquistei a segurança que desejava para viver em paz.

Eu durmo, acordo e me desloco durante o dia com segurança.

Cada um cria a sua própria realidade.

Eu crio agora para mim uma realidade de união e segurança.

Eu crio uma bolha de luz e segurança em volta de mim.

Com os olhos da mente, vejo essa bolha como um casulo que me envolve e me protege. Crio também uma ilha tranqüila e segura.

Ando livremente por essa ilha, sempre em perfeita paz.

Essa ilha é meu mundo.

Nela, todos estão em segurança e paz.

Em meu mundo, as pessoas são calmas e amigáveis.

Elas sorriem quando se encontram e são solidárias umas com as outras.

Estou a salvo, estou bem.

Há segurança em todos os cantos do meu mundo.

Estou a salvo de dia. Estou a salvo de noite.

Ando em paz e escolho sempre caminhos de paz.

Minha cama é um lugar seguro.

Começo e encerro o dia com amor e me entrego ao sono.

Mesmo dormindo, estou a salvo, pois a noite é segura.

Tenho sonhos alegres e acordo em paz e com segurança.

Começo feliz o dia, um novo dia.

Reconheço e afirmo minha confiança nesse dia que vou viver pela primeira vez.

Estou sempre a salvo em casa.

Quem entra em minha casa sente paz e segurança.

Minha alimentação é gostosa, saudável e me sustenta.

Todos os cômodos da minha casa são seguros e sossegados.

Minha casa é um refúgio tranqüilo.

Em casa, relaxo completamente.

Onde quer que eu vá, irradio o amor.

Pessoas afetuosas me cercam.

Só distribuo o amor. Só recebo o amor.

Eu perdôo e me liberto dos ressentimentos que me prendiam àquela pessoa ou àquela situação.

Recebo o perdão e estou livre.

Todos os transportes que uso são seguros: carro, ônibus, metrô, avião, até bicicleta.

Não importa o meio de transporte – estou em segurança e a salvo.

Sinto tranqüilidade e consigo relaxar durante os trajetos e as viagens.

No trabalho, sei que estou em segurança.

Existe harmonia em meu local de trabalho. Gosto muito do meu trabalho.

Eu me sinto em segurança entre os colegas de trabalho.

Tenho um trabalho estável e seguro, e vai ser assim enquanto eu quiser.

Quando trabalho, sinto paz e tranqüilidade.

Mesmo quando tenho prazos a cumprir, trabalho em paz.

E quanto mais me sinto em paz, mais eficiente eu sou.

Trabalhando com calma, produzo muito mais.

Onde estou, crio uma atmosfera de tranqüilidade e alegria.

Meus chefes me admiram e gostam do meu modo de trabalhar.

Sinto sempre calma e segurança.

Onde quer que eu vá, a bolha de luz me envolve e me protege.

Levo comigo a ilha de segurança.

Essa ilha de segurança protege também minha família.

Cada membro dela está seguro e protegido.

Estou livre de qualquer preocupação sobre minha família.

Envolvo cada pessoa de minha família com pensamentos de segurança e paz.

Do mais próximo ao mais distante, do mais jovem ao mais velho, todos estão em paz.

Em casa, na escola, no trabalho e no lazer, todos vivem em paz e harmonia.

Deixo que meus parentes sejam como são e vivam da forma que escolherem, porque sei que nenhum mal pode atingi-los.

Minha família também permite que eu seja como sou e viva como acho melhor.

Todos estamos seguros e somos livres. Isso me tranqüiliza e me deixa em paz.

Confio em minhas crenças espirituais. Estou em sintonia com o Criador.

Sei que o Criador só quer minha alegria e bem-estar.

Confio no poder que me criou, que está sempre me protegendo para que eu alcance todo o meu potencial.

Confio na vida.

Aprendo com facilidade.

Eu me livro do que não me serve mais.

Aprender é natural e recebo com entusiasmo as novas lições.

Quero aprender. Gosto de aprender coisas novas.

Gosto de aprender com as experiências, mesmo as negativas.

Eu estudo com tranqüilidade.

Estudar é bom. Absorvo os novos conhecimentos e eles me enriquecem.

A vida me oferece lições que posso aprender.

Eu não machuco ninguém e ninguém me machuca.

Eu me sinto bem entre jovens e velhos.

Eu me sinto bem com os que se parecem comigo e com os que são diferentes de mim.

Eu me sinto à vontade e em paz entre os animais.

Eu vivo em harmonia com todos os animais.

O tempo é meu amigo.

Eu me sinto em harmonia com a vida.

Estou em paz com os elementos da natureza.

Eu me sinto em harmonia com o Sol, a Lua, o vento, a chuva, a Terra e os sons da Terra.

Eu me sinto confortável, sejam quais forem as condições do tempo.

Meu corpo se adapta à temperatura externa e eu me sinto bem.

A escuridão é minha amiga e me conforta.

Eu me movimento no escuro sem problemas.

Não há nada a temer no escuro.

Tenho sempre proteção e estou sempre em segurança.

Confio em meu corpo.

Sou saudável, firme e confiante.

Eu agora me liberto de todo pensamento de dor, amargura e doença.

Eu escolho ser saudável.

Eu agora irradio uma saúde vibrante.

Cuido muito bem do meu corpo e o meu corpo me ama.

O alimento é meu amigo, o exercício é meu amigo e eu me sinto bem fazendo exercício.

Meu corpo gosta de ser alongado e exercitado.

Eu descobri o prazer do exercício.

Eu também aprendi a conquistar a tranqüilidade.

Mesmo no meio do caos, mantenho a serenidade.

Tranqüilidade é paz interior.

Quando os outros estão agitados, eu mantenho a tranqüilidade.

Não preciso acompanhar a agitação das outras pessoas.

Para mim, é importante vivenciar paz de espírito e auto-estima.

Eu sinto segurança nos relacionamentos.

Todos os meus relacionamentos são de afeto.

Franqueza e honestidade no relacionamento me fazem bem.

Descobri o valor da verdade.

Digo a minha verdade e escuto a dos outros.

Uso de franqueza e honestidade comigo.

Sinto segurança para amar.

É bom manter a auto-estima nos meus relacionamentos.

Eu me mostro aos outros como realmente sou e me sinto bem.

Aprender e crescer me faz bem.

Eu quero mudar, quero sempre crescer e me aperfeiçoar.

Tenho certeza de que vou conseguir tudo de que sou capaz.

Quando me mostro como sou, não ameaço ninguém.

Todos os meus relacionamentos contribuem para o meu crescimento.

Quando estou entre amigos, eu me sinto bem.

Quando estou entre conhecidos, eu me sinto bem.

Eu me sinto bem em público e até mesmo entre possíveis inimigos.

Eu, agora, só atraio pessoas afetuosas.

O tempo passa e eu continuo me sentindo bem.

Eu me sinto bem à medida que envelheço.

Sei que vou ter uma vida longa e saudável.

Cada fase da vida tem seus encantos e alegrias.

Eu vou aproveitar a vida até o último minuto.

Quando eu deixar este mundo, sei que estarei bem na etapa que vier a seguir.

Quando chegar a hora da passagem, vou deixar esta vida em paz e harmonia, no momento certo.

A morte é uma experiência natural e segura.

A vida me apresenta as situações no momento mais adequado.

Estou em harmonia com este processo chamado Vida.

Embora às vezes não entenda por que certas coisas acontecem, procuro aceitá-las.

Sei que tudo tem um sentido e que a vida sempre traz o que é melhor para mim.

Eu não deixo mais que meus pensamentos me atormentem.

Eu gosto muito de mim. Nunca mais vou deixar que meus medos me atinjam.

Ao mudar os meus pensamentos, crio para mim um mundo de paz.

A paz substitui o medo, a aflição dá lugar à tranqüilidade.

O pânico se transforma em serenidade. A desconfiança dá lugar à confiança.

O amor toma o lugar do ódio e a repressão se torna liberdade.

Eu distribuo o amor como uma bênção a todas as pessoas.

Envolvo o planeta com amor.

Eu sei que estamos todos em segurança.

Tudo vai bem.

É assim que as coisas são.

Meditação para um mundo de paz

Agora, vamos fazer uma meditação para contribuir com a nossa energia e nosso desejo para a construção de um mundo mais seguro e amistoso. Ela começa procurando integrar as três pessoas que existem em nós até o fim de nossas vidas: a criança, o adolescente e o adulto.

É fundamental tomarmos consciência da criança e do adolescente que permanecem em nós. Precisamos reconhecer seus medos e inseguranças e tomar conta deles. Desta forma, fortalecemos o adulto que somos hoje. Se não nos dermos conta disso, ficamos à mercê de sentimentos que nos atrapalham sem entendermos por quê.

Nesta meditação faremos afirmações usando a técnica da visualização. Iremos criar imagens de um mundo pacífico e solidário, onde cada ser humano tem condições de realizar seu pleno potencial. Um mundo onde as pessoas podem ser felizes. Se você tem dificuldade em criar imagens, pense apenas no sentido daquilo que está dizendo, acreditando no poder transformador das suas afirmações para construir uma vida melhor para você e para o mundo inteiro.

Vamos começar inspirando profundamente. Agora expire. Tire todo o ar dos pulmões. Inspire novamente e expire. Inspire e expire. Mantenha sua respiração regular e natural.

Observe o seu corpo. Vamos relaxar o corpo. Contraia todo o seu corpo, o mais que puder. Contraia mais e mais. Agora, solte o corpo. Deixe ele ficar pesado. Vá relaxando os músculos do rosto. Solte o maxilar.

Relaxe os músculos do pescoço, dos ombros, do peito e do ventre.

Inspire fundo e expire. Solte as pernas, relaxe os músculos das pernas e dos pés. Relaxe os braços e as mãos. Examine todo o corpo e verifique se ainda há alguma parte tensa. Relaxe.

Vamos mudar nossa maneira de pensar. Em vez de encarar o dia de hoje como uma sucessão de acontecimentos e atividades, pense nele como um momento de aprendizado. Um recomeço. Uma oportunidade de mudar e crescer. De passar a um novo nível de consciência. De descobrir novas idéias e novos modos de pensar. De amar a criança que vive dentro de você. De imaginar o mundo em que sonhamos viver. É essa visão positiva que ajuda a criar o nosso mundo.

Venha comigo. Vamos ver o nosso planeta e a nós mesmos sob ângulos novos e poderosos.

Vamos começar pela criança que vive dentro de você.

Tome consciência e olhe para a sua criança interior.

Veja como parece pequena e como se sente frágil. Como pode ficar assustada e insegura. Acalme a sua criança. Conforte-a. Diga que você sabe que lhe deu pouca atenção durante muito tempo, que a repreendeu e censurou, mas que não quer mais fazer isso.

Você pode prometer à sua criança interior que, de agora em diante, vai estar a seu lado, nunca mais vai deixá-la só.

Sempre que ela precisar do seu apoio, dos seus conselhos ou da sua companhia, você estará disponível. Você sabe a importância do relacionamento com a sua criança interior. Diga à sua criança o quanto ela é amada. Desta forma, ela vai se sentir valorizada e irá melhorar sua auto-estima.

Veja como a sua criança se acalma, fica em paz, se sente segura e ri, feliz.

Ela brinca alegre com os amigos. E corre livre.

Veja como aproveita tudo o que faz na escola. Estuda, é criativa, partilha o que tem com os companheiros. Cheira uma flor, sobe em uma árvore, pega uma fruta, come com gosto.

Em um balanço, ela sobe bem alto, rindo. Corre para você e lhe dá um abraço apertado.

Agora, veja você e a sua criança como duas pessoas unidas e saudáveis, vivendo em um lugar bonito e seguro.

Vocês têm ótimos relacionamentos com seus pais, amigos e colegas.

Em toda parte que vão, encontram alegria. São capazes de dar e receber amor com facilidade.

Agora, veja o adolescente, ou a adolescente, que há dentro de você.

Procure dar-lhe apoio durante esse confuso período que marca a transição da infância para a idade adulta.

Tranqüilize esse ou essa adolescente dizendo-lhe que é assim mesmo, mas que ele, ou ela, vai superar essas inseguranças porque tem todas as condições para isso.

Visualize com amor a pessoa adulta que você é agora. Cumprimente-se por ser como é. Você sempre fez o melhor que pôde, a partir do que recebeu, em todas as situações.

Invista em sua auto-estima.

Seu amor-próprio e sua auto-aceitação tornam mais fácil passar ao nível seguinte.

Você é uma pessoa muito poderosa.

Está dentro de você, em sua mente, em seus pensamentos, o poder de criar o tipo de mundo que quer para todos nós. Você tem poder.

Agora, junte os três: criança, adolescente e pessoa adulta. Esta união consegue tudo.

Vamos criar um mundo maravilhoso para nós.

Pense: Onde você quer trabalhar?

O que quer fazer? O que lhe dá satisfação? Onde e como quer viver? Visualize seu ambiente ideal.

Veja o seu mundo, um lugar maravilhoso onde todos têm dignidade e se sentem valorizados e seguros, não importa a raça ou a nacionalidade.

Veja as crianças, bem cuidadas e conscientes de seu valor. Não existem maus-tratos.

Veja as escolas empregando seu tempo precioso para ensinar às crianças temas realmente importantes: amor-próprio, como pensar e utilizar a mente, se relacionar, responsabilizar-se pelo mundo em que vivemos, criar filhos, lidar com dinheiro e alcançar a realização de seu potencial.

Agora, veja os doentes se recuperando. Nesse mundo que você cria, as doenças ficam no passado. Os médicos sabem como manter as pessoas saudáveis e ativas. Dor e sofrimento desaparecem.

Veja a transformação de hospitais em edifícios residenciais e centros de lazer. Nesse mundo não há crianças carentes, nem pessoas sem teto. Há emprego garantido para quem quiser trabalhar e cada um pode se desenvolver de acordo com suas capacidades.

Veja as religiões eliminando de seus ensinamentos os conceitos de pecado e culpa e estimulando seus membros a expressar o Deus que há dentro deles e buscar a plenitude no amor.

Veja os governos realmente empenhados pelo povo. Veja a justiça e o perdão ao alcance de todos.

Veja os negócios decididos com honestidade e clareza. A ganância não existe mais.

Veja homens e mulheres incentivando uns aos outros a viverem com dignidade. A violência desapareceu completamente.

Todos nós temos acesso a água limpa, comida saudável e ar puro.

Vamos caminhar um pouco e sentir a chuva que cai. A chuva cai em seu rosto suavemente, refrescando-o. Agora, as nuvens se afastam. Veja que lindo arco-íris se forma quando o sol volta a brilhar.

Sinta o ar puro e fresco. Veja o brilho da água nos rios e nos lagos. Repare na vegetação. Lindas florestas preservadas. Flores, frutos e plantações à disposição de quem quiser. Imenso respeito pela natureza.

Reina a harmonia entre os povos. As armas são abandonadas e todos abrem os braços e os corações.

Veja as condenações e preconceitos perdendo a força, desaparecendo.

Veja as fronteiras sendo apagadas, a separação deixando de existir.

Veja todos nós como um só povo, verdadeiros irmãos e irmãs unidos pelo amor.

A fome é inaceitável e todo sofrimento acaba. Do nascimento à morte, todos vivemos com harmonia e dignidade.

Veja nossa mãe Terra serena e unificada. Os fenômenos naturais são cada vez mais suaves. A Terra suspira aliviada. Reina a paz.

Agora, pense no que você gostaria que acontecesse no planeta.

Use sua mente, projete seus pensamentos e ajude a criar um mundo novo.

Ao manter em mente essas idéias, você contribui para criar o mundo que todos nós merecemos.

Você tem poder. Você é importante. Você é uma pessoa única!

Como são preciosos a criança, o adolescente e a pessoa adulta que existem em você!

Que preciosidade você é! Seus pensamentos são uma energia poderosa.

Vá em frente e faça o que puder para transformar seus pensamentos em realidade. Por você, por sua criança interior, por todos os habitantes do planeta.

Paz e harmonia, segurança e confiança, saúde e integridade, abundância e fartura.

Tudo de bom para todos. Agora e para sempre. Assim seja!

Conceitos fundamentais para a felicidade

Desejo ter podido contribuir um pouco para que você vá se tornando mais capaz de vencer o medo.

Lembre-se porém de duas coisas: a primeira é que nós não *eliminamos* o medo, nós aprendemos a *administrá-lo* melhor, a não deixar que ele nos paralise, e a *superá-lo*. Em inúmeras ocasiões sua primeira reação será sentir medo ante uma situação nova, ou ter dificuldade em expressar seu desejo e reivindicar seus direitos. Muitas vezes, num primeiro momento, a opinião de alguém a seu respeito vai desestabilizar você, e a cara fechada ainda criará uma certa intimidação. Tudo isso é absolutamente natural. A grande, enorme diferença é que agora você tem consciência desse processo e possui instrumentos para fortalecer-se e enfrentar todo tipo de medo.

A segunda coisa importante de ser lembrada é

que nós não mudamos nossa estrutura interna e nosso modo de ser magicamente, de uma hora para a outra. Por isso, as afirmações que proponho devem ser repetidas o mais freqüentemente possível para que, lentamente, operem a transformação necessária para libertar você desses medos tão antigos. Ouça o CD diariamente e acrescente afirmações e imagens que correspondam ao período que está vivendo.

Como sei que a vida é corrida, que os afazeres e solicitações são muitos e você provavelmente não vai ter tempo para reler sempre todo o livro, estou listando aqui os conceitos que considero fundamentais para ajudar na sua felicidade. Estes, sim, seria bom que você os lesse diariamente, de preferência antes de começar as atividades de seu dia, para que eles fiquem no seu subconsciente trabalhando a seu favor.

- Seus pensamentos são uma energia poderosa.

- Uma das formas mais eficientes de mudar nossa vida é mudando nossos pensamentos.

- Nós temos uma imensa capacidade para mudar nossos pensamentos.

- Tome consciência dos seus pensamentos para mudá-los.

– Pensamentos negativos atraem negatividade e afetam sua saúde física, mental e emocional.

– Pensamentos positivos permitem que o universo traga a solução que servirá para o seu maior bem.

– Quando vier um pensamento negativo, substitua-o imediatamente por uma afirmação positiva.

– Perdoar o passado e amar quem você é fará milagres em sua vida.

– Agradecer é uma forma poderosa de rezar e fazer afirmações. Quanto mais gratidão você expressar por aquilo que tem, mais receberá.

Siga em frente serenamente, valorizando e agradecendo cada pequeno avanço, nunca desanimando ante um retrocesso, sabendo que a vida é isso: um processo de construção do nosso ser. Em nenhum momento poderemos nos considerar um produto acabado, porque somos essencialmente seres em construção. Cresça no amor por você, pelos outros, pelo mundo em que vive. O amor tem o extraordinário poder de vencer o medo.

Conheça outros títulos de Louise Hay

Meditações para a manhã e a noite

Esse livro constitui um instrumento poderoso que oferecemos para o seu crescimento e para a conquista da sua paz interior. A autora usa seus conhecimentos e experiência para produzir meditações que criarão em você uma disposição para ir ao encontro do seu dia e para passar sua noite de forma serena, alegre e amorosa.

Sugerimos que você leia as meditações muitas vezes, detendo-se para refletir sobre cada frase e conceito, fazendo a relação com sua realidade pessoal e visualizando as mudanças que deseja efetuar. Desta forma, ao ouvir o CD pela manhã e à noite, o seu conteúdo encontrará em você um espaço mais propício para atuar. À medida que a meditação incorporar-se como uma necessidade, esses efeitos imediatos terão conseqüências mais profundas e duradouras, contribuindo para uma real transformação de vida.

Naquele momento em que a cabeça desperta e ainda existe um tempo para se levantar, deixe-se orientar por Louise Hay na Meditação para a manhã. Ao tornar-nos atentos para as muitas maravilhas com que convivemos automaticamente no cotidiano, ao criar uma abertura amorosa para tudo e todos que vamos encontrar no correr do dia, ao fazer-nos dirigir para nós mesmos esse olhar de afeto e valorização, ela gera um clima interior que irá refletir-se na maneira como vamos nos relacionar com pessoas e experiências, dando-nos a possibilidade de criar um futuro mais feliz.

Talvez seja difícil chegar ao fim da Meditação para a noite, pois a técnica de relaxamento inicial nos fará, muito provavelmente, cair num sono profundo. Louise Hay prevê essa possibilidade e nos garante que, mesmo dormindo, nosso subconsciente estará ouvindo e gravando cada palavra. A contribuição trazida por essa meditação é de tal maneira importante, que recomendamos que ela também seja feita em um momento em que estejamos mais despertos, podendo vivenciá-la conscientemente até o final.

O objetivo é limpar nossa mente e nosso sistema emocional de todos os pensamentos e sentimentos desgastantes decorrentes das experiências do dia.

Acreditamos e desejamos que essas meditações tragam um ganho expressivo para suas vidas. Que a angústia e a ansiedade do despertar sejam substituídos por alegria ante a perspectiva da originalidade e de todas as possibilidades contidas em um novo dia. Que os seus encontros sejam revestidos dos afetos de que nos impregnamos nessa meditação. Que a sua sensibilidade fique aguçada para usufruir desde os pequenos detalhes banais até as maravilhas com que a natureza nos presenteia. E sobretudo que possamos cada vez mais tomar posse do nosso ser interior, descobrindo o deleite que há nessa conquista.

Acompanha CD de meditação.

Cultivando a saúde do corpo e da mente

"Certa vez, ouvi uma definição de saúde que fez muito sentido para mim: ter boa saúde é não sentir fadiga, é ter apetite, é adormecer e acordar com facilidade, é ter uma boa memória, é ter bom humor, é ser preciso no raciocínio e nas ações, é não ser desajeitado demais, é ser sincero, humilde, grato e amoroso.

Pense em cada um desses elementos e responda: você se considera saudável?

Embora muita pessoas me vejam como alguém com o poder de curar os outros, eu não curo ninguém. Meu trabalho é ajudar as pessoas a compreenderem como seus pensamentos criam constantemente suas próprias experiências de vida – todas elas, tanto as boas quanto as que chamamos de más.

Nossos pensamentos podem, da mesma forma, estar contribuindo para o bem-estar ou para o mal-estar de nossos corpos. Não queremos ficar doentes e, no entanto, precisamos de cada doença que contraímos. É a maneira que nossos corpos encontram para nos dizerem que estamos com uma idéia errada, com uma percepção falsa e que precisamos mudar nossa forma de pensar.

Cada doença é uma lição que precisamos aprender. Por favor, não fique só reclamando: 'quero me livrar dessa doença'. Isso não vai trazer a cura que deseja e você não vai aprender a lição de que necessita.

Não se coloque também numa atitude defensiva, como se a doença fosse uma espécie de acusação. Não se trata de condenar, nem de sentir qualquer culpa. Tanto na doença quanto em qualquer situação de vida, o importante é observar o que está acontecendo conosco para entender o que precisa ser libertado e transformado. Se o título desse livro lhe pareceu atraente, é porque você deseja investir na sua saúde. Então eu lhe digo: é hora de se curar, de tornar sua vida e seu corpo íntegros.

Eu sei que você tem, dentro de si, tudo de que precisa para conseguir isso.

Quando você começar a compreender o processo que leva à saúde ou à doença, será capaz de assumir o controle consciente das mudanças que deseja fazer."

Louise Hay

Acompanha CD de meditação.

Aprendendo a gostar de si mesmo

"A Bíblia diz: 'Ama a teu próximo como a ti mesmo.' Por mais simples e clara que esta afirmação possa parecer, levei muito tempo para me dar conta do que significa 'amar a si mesmo' e para saber que, se não amarmos e respeitarmos a nós mesmos, seremos incapazes de qualquer amor verdadeiro pelos outros.

Alguns talvez digam que amar a si mesmo é vaidade, egoísmo e arrogância. Talvez seja por isso que esse amor por nós mesmos não é despertado e estimulado em nós desde pequenos. Pelo contrário, somos formados para atender o desejo alheio, a expectativa dos pais, as exigências dos professores, as ordens dos adultos.

Lutamos desesperadamente para atender o desejo dos outros, achando que assim seremos amados por eles. E nesse esforço perdemos de vista o incrível milagre que cada um de nós é como centelha divina e esplêndida expressão da vida. As atitudes de vaidade, egoísmo ou arrogância não revelam amor por nós mesmos. Revelam medo, insegurança, necessidade de afirmação. Essas atitudes são disfarces, são escudos para ocultar as carências que incomodam e fazem sofrer.

Pense nisso sempre que uma pessoa arrogante intimidar ou procurar diminuir você. O amor é respeitoso, generoso, solidário e cheio de compaixão. Quem ama a si mesmo entra em sintonia com o universo no que ele tem de melhor, e tudo flui em sua vida.

Como é que amamos um filho querido para que ele

cresça e se desenvolva dentro de suas características próprias? É procurando conhecê-lo tal como ele é, e não como gostaríamos que ele fosse. É acolhendo suas necessidades e estimulando suas capacidades.

É ajudando-o a superar suas dificuldades e colocando limites para que ele se dê conta dos direitos dos outros. É tendo para ele um olhar de amor que reconhece, respeita, valoriza, levando-o a descobrir a pessoa única e especial que ele é. Levando-o a amar a si mesmo.

Por que então não fazemos o mesmo conosco? Somos adultos, está na hora de cuidarmos de nós como o faríamos com um filho querido. Está na hora de aprender a amar a nós mesmos."

Louise Hay

Acompanha CD de meditação.

Conheça outros títulos com CD da Editora Sextante

Thich Nhat Hanh

Momento presente, momento maravilhoso

Thich Nhat Hanh nos apresenta os *gathas*, pequenos versos práticos e poéticos que devemos recitar durante nossas atividades diárias para manter a mente alerta.

Para tornar a experiência da meditação ainda mais rica, o livro inclui o CD "Canções para a prática da plena consciência", que contém vinte lindas músicas inspiradas na obra de Thich Nhat Hanh.

Osho

Aprendendo a silenciar a mente

Meditação é sentar-se sem fazer nada - não usar seu corpo nem sua mente. É parar de pensar e deixar que a mente, sempre tagarela, silencie por conta própria. Sem esforço, de forma relaxada, fácil, como se fosse um jogo.

Você vai se encantar com o jeito leve e irreverente como Osho traduz conceitos espirituais e com sua capacidade de contar histórias. Ao trocar as palavras pelo silêncio, você verá a vida com maior clareza e tornará seu dia-a-dia mais intenso e cheio de alegria.

Shakti Gawain

A visualização criativa pode mudar sua vida

Visualização criativa é a técnica de usar a imaginação para criar aquilo que você deseja. A idéia é criar uma imagem, idéia ou sensação do que se quer e focalizá-la regularmente, dando-lhe energia positiva para que se torne realidade.

Esse livro é acompanhado por um CD que traz os passos essenciais dessa técnica.

Daniel Goleman
A arte da meditação

A arte da meditação é o método mais antigo para tranqüilizar a mente e relaxar o corpo. Ela tem como objetivo desenvolver a capacidade de concentração e enriquecer nossa percepção.

No CD que acompanha esse livro você vai aprender quatro das várias técnicas de meditação que existem. Escolha aquela com que você se sente melhor e use-a cada vez que meditar.

Brian Weiss
Meditando com Brian Weiss

"O mundo de hoje invade nosso cotidiano e até mesmo os momentos de descanso, tumultuando nossa mente. Através da meditação, vivenciamos uma beleza interior que nos faz repensar e confiar na capacidade que temos de utilizar e direcionar nossas energias para a purificação de nossos corpos e mentes, para a descoberta e o desenvolvimento de nossa espiritualidade."

Brian Weiss

Os espelhos do tempo

Em *Os espelhos do tempo*, o Dr. Weiss descreve os benefícios dos exercícios de regressão, desfazendo os principais mitos a seu respeito e respondendo às dúvidas mais freqüentes sobre o seu uso.

Acompanhado de um CD com as meditações "Exercícios de regressão" e "Regressão através do tempo", esse livro vai ajudar você a entender o processo de regressão e a iniciar as suas próprias experiências.

Salle Redfield
Meditações celestinas

Meditações celestinas apresenta dois exercícios de relaxamento e visualização baseados nas Visões de *A profecia celestina*, o clássico livro de James Redfield.

"Se praticarem regularmente as meditações que lhes ofereço no CD, vocês se deixarão cada vez mais impregnar pelas Visões expostas em *A profecia celestina*.

As Visões de que falamos aqui não são apenas palavras: elas nos orientam para adotarmos um modo mais espiritualizado de vida. Chegou o momento de colocarmos em prática esses poderosos princípios."

Salle Redfield

Descobrindo a alegria de viver

Todos nós desejamos as coisas boas que a vida pode nos dar – felicidade, prosperidade e amor –, mas temos muita dificuldade em alcançá-las. Salle Merrill Redfield mostra de forma bem concreta como conquistar e cultivar a alegria, transformando sua forma de viver.

Usando visualizações e técnicas de relaxamento, ela oferece também sete meditações que vão conduzir você, por diferentes caminhos, à felicidade e à paz interior.

Alegria da meditação

As meditações deste CD vão lhe ensinar a fazer um relaxamento profundo e a visualizar uma luz curativa que inunda e protege o seu corpo, renovando sua disposição e alegria de viver.

Você aprenderá a ampliar sua capacidade de dar e receber amor e a visualizar um lugar sagrado que será seu porto seguro sempre que sentir qualquer tensão ou angústia.

Conheça os 25 clássicos da Sextante

– *Muitas vidas, muitos mestres, Só o amor é real* e *Meditando com Brian Weiss,* de Brian Weiss

– *Conversando com os espíritos* e *Em busca da espiritualidade,* de James Van Praagh

– *A última grande lição,* de Mitch Albom

– *Enquanto o amor não vem,* de Iyanla Vanzant

– *A oração de São Francisco,* de Leonardo Boff

– *O ócio criativo,* de Domenico De Masi

– *Mantenha o seu cérebro vivo,* de Lawrence C. Katz e Manning Rubin

– *Por que os homens fazem sexo e as mulheres fazem amor?,* de Allan e Barbara Pease

– *Uma ética para o novo milênio* e *Palavras de sabedoria,* do Dalai-Lama

– *Histórias para aquecer o coração,* de Mark Victor Hansen e Jack Canfield

– *100 segredos das pessoas felizes* e *100 segredos das pessoas de sucesso,* de David Niven

– *Aprendendo a gostar de si mesmo,* de Louise Hay

– *Um dia "daqueles", Querida mamãe* e *O sentido da vida,* de Bradley Trevor Greive

– *Você é insubstituível* e *Dez leis para ser feliz,* de Augusto Cury

– *A vida é bela,* de Dominique Glocheux

– *Faça o que tem de ser feito,* de Bob Nelson

– *Não leve a vida tão a sério,* de Hugh Prather

INFORMAÇÕES SOBRE OS PRÓXIMOS LANÇAMENTOS

Para receber informações sobre os próximos lançamentos da EDITORA SEXTANTE, queira entrar em contato com nossa Central de Atendimento, dando seu nome, endereço e telefone para:

EDITORA SEXTANTE
Rua Voluntários da Pátria, 45 - Gr. 1.404 - Botafogo
22270-000 - Rio de Janeiro - RJ
Tel.: (21) 2286-9944 - Fax: (21) 2286-9244
DDG: 0800-22-6306 (ligação gratuita)
E-mail: atendimento@esextante.com.br

Para saber mais sobre nossos títulos e autores, e enviar seus comentários sobre este livro, visite o nosso site:

www.sextante.com.br

PAPEL
CHAMOIS-BULK alta performance alcaline

Impresso em papel Chamois Bulk Alta Performance Dunas 90g/m² da Ripasa S/A, fabricado em harmonia com o meio ambiente.